Dr. Joest Leopold

RELIGIONSGESCHICHTLICHES LESEBUCH

für den Unterricht

Band 1

Steinzeiten und Paradiesgärten

Ganderkesee 2021

Texte: Joest Leopold

Abbildungen: Wenn nicht anders gekennzeichnet, dann Bianca + Joest Leopold

ISBN 9789403609843

1. Auflage
Ganderkesee 2021

Inhalt

Vorwort

Die Texte in diesem Buch richten sich an Lehrende und Lernende, die im Religionsunterricht der Realschule und des Gymnasiums abseits ausgetretener Pfade etwas Neues kennenlernen und in die vergleichende Religionsgeschichte eintauchen möchten. In loser Folge möchte ich mit dem nun vorliegenden „Lesebuch" und geplanten Folgebänden erste unterrichtliche Lücken schließen und den Lehrenden im Fach Religion interdisziplinäre Materialien zur Verfügung stellen, die dem Fach neue Dimensionen eröffnen können..

In diesem ersten Band soll zum einen der Regenerationsglaube von seinen steinzeitlichen Anfängen bis zum Christentum skizziert und nachvollziehbar gemacht werden. Im zweiten Kapitel geht es dann um den Fortbestand des Schöpfungsglaubens in der architektonischen Gartenkunst in Morgen- und Abendland. Keines der beiden Themenfelder gehört voll umfänglich zum Kerncurriculum des deutschen Religionsunterrichts. Allerdings streifen die Ausführungen die curricularen Fragestellungen nach Religion und Schöpfung im Allgemeinen und können deshalb durchaus als sinnvolle Erweiterungen des jeweiligen Lehrplans der Länder angesehen werden. Zu den Texten gibt es in der Regel einige Aufgaben, die sich weitgehend an den drei bekannten Anforderungsbereichen orientieren (hier: A,B,C) und die leicht in Einzel- oder Partnerarbeit zu lösen sind. Bewusst habe ich auf Selbstkontrollen und Lösungsvorschläge verzichtet, da sich die jeweilige Lehrkraft selbst in die Thematik einarbeiten sollte und eigene Ergebnisanforderungen formulieren muss. Nur so kann sie gewährleisten, dass es zu einem akzeptablen und fruchtbaren Ergebnis kommt. Die Unterrichtsmaterialien eignen sich deshalb nicht als unvorbereitete Zusatzaufgaben oder didaktische Reserve! Nur Lehrkräfte, die den Unterrichtsinhalt wirklich vorbereitet haben, können ihn gemeinsam mit ihren Lernenden erarbeiten. Als Hilfe für alle Lehrenden können die Literaturempfehlungen am Ende des Buches dienen. Fachliche Kompetenz muss erworben werden und kann nicht durch methodische Spielereien ersetzt werden!

Die beigefügten polychromen Abbildungen im Buch dienen der ersten Orientierung und können für die Aufgabenlösungen hilfreich sein. Sie sollen aber auch dazu anregen, einzelne Aspekte im gemeinsamen Unterrichtsgespräch zu visualisieren und auch dazu, nach ergänzenden Abbildungen im Internet zu recherchieren, um daraus ein eigenes, themengebundenes Album zu erstellen.

Nun wünsche ich allen Lehrenden und Lernenden interessante Einblicke in einige verschüttete Bereiche der historischen Religiosität – die uns und unseren Glauben aber bis heute, auf die eine oder andere Art und Weise beeinflussen.

A: Steinzeiten

A 01. Die Anfänge der Religiosität

Niemand kann genau sagen, aus welchen Gründen gerade der Jetztmensch, der homo sapiens sapiens, eine Religiosität entwickelt hat. Einige Wissenschaftler vermuten biochemische Ursachen, also genetische Gründe; andere glauben, der Jetztmensch habe Religiosität intellektuell gelernt. Wie dem auch sei, die ältesten eindeutig nicht-profanen, also für das biologische Überleben nicht zwingend notwendigen kulturellen Äußerungen der Menschheit stammen vom Typ des Jetztmenschen und sind ca. 80.000 Jahre alt. Es handelt sich dabei um rhythmische Ritzungen auf Steinen, die im Süden des afrikanischen Kontinents entdeckt wurden. In Europa finden sich am s. g. Anfang der religiösen Kultur zahlreiche Figurinen von Tieren, Frauen, Mischwesen und isolierten menschlichen Geschlechtsteilen sowie Malereien, überwiegend von Tieren, die zwischen ca. 35.000 und 11.000 v.Chr. entstanden sind. Früher glaubten Wissenschaftler, die abgebildeten Tiere stellten das Jagdwild der eiszeitlichen Menschen dar. Untersuchungen ihrer „Abfallhaufen" ergaben aber, dass sie überwiegend von zwei Tierarten lebten, nämlich von Pferden und Renen. Des Weiteren pflegten sie bereits in jener Zeit pflanzliche Kost zu sich zu nehmen. Frauen sammelten Grassamen, Obst und Nüsse, während die Männer der Jagd nachgingen. Diese Phase der Steinzeit nennt man das Jungpaläolithikum. Grundsätzlich versucht der Mensch mit seiner Religiosität auf seine Umwelt zu reagieren. Er erkennt Regelmäßigkeiten wie den Tageslauf, die Jahreszeiten, die Lebensphasen der Tiere oder den Gestaltwandel des Mondes. Solche Rhythmen nahmen den Mitgliedern der steinzeitlichen Jäger- und Sammlerinnenkulturen die Angst vor der ungewissen Zukunft. Sie malten in der Folge trächtige und nach Süden abziehende Zugtiere an Höhlenwände, um in ihrer sozialen Gruppe die dahinter verborgene Idee, nämlich die ewige Wiederkehr des Lebens, zu feiern. Damit drückte der Mensch einerseits seinen Respekt vor den stärkeren als menschlichen Kräften aus und andererseits seine Hoffnung auf die Übertragung dieser Idee auf sein eigenes endliches Leben. Gerade die vielen auffälligen Abweichungen von den Regelmäßigkeiten des Lebens machten den Menschen weiter Sorge, so dass sie unablässig Kulte der Regeneration, also der Wiederkehr des Lebens feierten. In diesem Zusammenhang spielten die Höhlen eine herausragende Rolle: So wie die Sonne hinter dem Horizont im Westen unterzugehen und am nächsten Morgen im Osten wieder aufzugehen scheint, so scheinen im Herbst die Zugtiere hinter dem Horizont im Süden zu verschwinden, um dann im kommenden Frühjahr von ebendort wieder zu erscheinen. Der jungpaläolithische Mensch glaubte daher, dass der Ort der Erneuerung von Sonne und Tieren unter der Erde liegen müsse. So suchte und fand er die Höhlen, die er ängstlich betrat und erforschte. Im Winter begegnete ihm dort der im Winterschlaf befindliche Höhlenbär, der die Idee von der Regeneration des Lebens in den Höhlen zu bestätigen schien. In der Folge malten religiöse Spezialisten die zahlreichen Zugtiere jener Zeit als Illustration ihrer Weltsicht an die Höhlenwände. Die Produktion der Bilder wird dabei wohl auch Teil eines Regenerationskultes gewesen sein, in dessen Verlauf man den starken Kräften dankte und um erneute Fürsorge bat.

A: Beschreibe religiöse Ideen der Altsteinzeit.

B: Erkläre den Zusammenhang von Gestirnbewegungen, Tierwanderungen und dem Glauben an die ewige Wiederkehr des Lebens.

C: Nimm begründet Stellung zum kultischen Unterschied zwischen der Beachtung von Regel- und Unregelmäßigkeiten.

Großer Auerochse in der Kulthöhle Lascaux, Südwestfrankreich

A 02. Im Zeichen der Trance

Der Jetztmensch war von Anfang an in der Lage Bewusstseinsveränderungen zu erleben. Diese Eigenschaft führte bereits im Paläolithikum zur Ausbildung einer schamanistischen Trancekultur, durch die es zu Bewusstseinsveränderungen aller Art kommen konnte. Neben den mehr zufällig erscheinenden Träumen kam hier vor allem der echten Trance, die während einer Bewusstseinserweiterung entsteht, großes Augenmerk zu. Während der Eiszeit ernährte sich der homo sapiens sapiens bekanntlich nicht bloß von Fleisch, sondern ebenfalls und in nicht unerheblichem Maße von pflanzlicher Kost. Vor allem vitaminreiche Beeren und andere Früchte wurden gerne gesammelt und verzehrt. Bei der Ernte und der Verarbeitung kam es oftmals zu Vergärungen der Früchte, was zu einer Alkoholbildung führte. Der Mensch lernte also bereits sehr früh die berauschende Wirkung von Alkohol kennen. Des Weiteren sammelten die Frauen in Lagernähe Grassamen und Pseudogetreide, deren eigentliche Samenkörner in mühevoller Weise aus den Spelzen gelöst werden mussten. Weil man zum Dreschen zu wenig Ernte einbrachte, mussten die Spelzen durch Kauen entfernt werden. Das langwierige Kauen förderte durch die Einspeichelung die Spaltung der Stärke in Zucker. Auf diese Art und Weise entdeckte der Mensch gegen Ende der Eiszeit das s. g. Spuckebier, einen leicht berauschenden Alkohol. Vor allem Gerste und seine Vorläufer eigneten sich hervorragend für diese Produktion. Man versuchte wohl auch, das Ergebnisprodukt über kürzere Zeit in irdenen Gefäßen zu lagern und erst zu späteren Zeitpunkten zu trinken. Dabei durfte wegen des geringen Alkoholgehaltes eine bestimmte Zeitspanne nicht überschritten werden, um keine verderblichen Prozesse einzuleiten. Vergorenes Obst und eingespeicheltes Korn brachten den Menschen also Rauschmittel, deren Einsatz nicht nur zum Spaß dienten, sondern wohl schon bald einer religiösen Nutzung unterstellt wurden. Da man in Räuschen Anderes erlebt als im bewussten Wachzustand, galten die gewonnenen Erfahrungen schnell als Botschaften stärkerer als menschlicher Kräfte. Aus diesem Grund wurden zahlreiche Verfahren zur Gewinnung von Alkohol für die Allgemeinheit verboten und unter die Obhut schamanistischer Spezialisten gestellt. Diese suchten und fanden weitere Methoden, mittels pflanzlicher Produkte Bewusstseinsveränderungen herbeizuführen. Zahlreiche halluzinogene Pflanzen waren aber so stark, dass sie keine Räusche sondern Trancen herbeiführten. Eine minimale Überdosierung konnte hierbei bereits zum Tod führen. Umso wichtiger wurde es also, den Umgang mit ihnen zu tabuisieren und einer dafür vorgesehenen Berufskaste, nämlich den Schamanen, vorzubehalten. Aus diesem Grund obliegen in zahlreichen Stammeskulturen Rausch- und Trance-Erfahrungen nur diesen Spezialisten. Eine grenzenlose Freigabe dieser Extrakte hätte die Menschheit wahrscheinlich nicht überlebt oder zumindest für eine dekadente Lebensweise ohne Produktivität geführt. So finden wir noch heute zahlreiche religiöse Kulte, die sich im Zusammenhang von halluzinogenen Pflanzen entwickelt haben. In unseren Kulturen konnte sich zumindest der gemeinschaftliche Verzehr von Wein in Form des Abendmahles halten. Außerdem wurden die Brauereiprodukte noch bis in die frühe Neuzeit auch in Europa von klösterlichen Gemeinschaften gepflegt! Die während der echten Trance erlebten Erfahrungen lassen sich in mehrere Phasen gliedern. Eine leichte Trance führt anfangs zur Wahrnehmung s. g. Phosphene, also elementarer Zeichen wie Punkte, Striche, Kreise, Gitter usw., die das Gehirn zu sehen scheint. Solche Zeichen finden sich mindestens seit dem Mesolithikum auf unzähligen Fels- und Höhlenwänden, also an Orten, an denen junge Stammesmitglieder zur Zeit ihrer Pubertät wohl absichtlich Trancen suchten und fanden. Die Gravur der geschauten Bildzeichen hatte kultischen Charakter und diente dem Aufbau von Beziehungen zwischen Menschen und Kräften.

Gravierte Steinbank in der Kulthöhle Grotte Villetard, Ile de France

Reich gravierte Felswand in der Kulthöhle Abri du Cavalier, Ile de France

A 03. Die Höhle

Zentrales Augenmerk beim Verständnis prähistorischer Religiosität kommt der Höhle zu. Nicht nur, weil es der konservatorisch wichtigste Fundort religiöser Hinterlassenschaften steinzeitlicher Kulturen ist, sondern auch, weil kein anderer Ort das Wiedergeburtskonzept so umfänglich verkörpert wie dieser abgeschiedene Raum unter der Erde. Wie schon erwähnt, scheint der Horizont die Gestirne morgens bzw. abends zu „verschlucken“ und zu einer anderen Tageszeit wieder „auszuspucken“. Ein gleiches scheint im Herbst mit den Zugtieren zu passieren: Nach der Südwanderung verschwinden sie, tauchen aber im Frühling unweigerlich wieder auf. Da drängte sich der Gedanke auf, dass Gestirne und Zugtiere rhythmisch von der Erde verschluckt wurden.

Die Gestalt der Höhlen scheint aber ebenso wichtig gewesen zu sein wie der unterirdische Ort an sich. Höhlen mit horizontal gestellten, schlitzartigen Öffnungen, die an Münder und solche mit vertikalen Spaltöffnungen, die an weibliche Genitalien erinnern, wurden in der Regel häufiger aufgesucht und kultisch bemalt als andere. Diese offensichtliche Vorliebe jener Menschen hat etwas mit der Symbolik zu tun: Münder können verschlucken und ausspucken, Vulven können empfangen und gebären! Höhlen waren damit Orte der Erneuerung und Wiedergeburt des Lebens, welches sich für alt- und mittelsteinzeitliche Kulturen zwar nicht auf die Tierwelt beschränkte, aber doch darauf fokussierte. Hier vollzogen sich im Glauben der Menschen die regenerativen Prozesse, die für eine ständige Wiederkehr im Lebenskreislauf nötig waren. Neben den Eingängen zeigten die Träger alt- und mittelsteinzeitlicher Kulturen auch ein großes Interesse an den Felswänden des Höhleninneren. Bilder wurden nicht nur dort angebracht, wo Platz war, sondern gerade dort, wo der Ort etwas zu erkennen gab, was in die Symbolsprache der religiösen Ideen passte: Felsformationen, die an bestimmte Körperteile von Tieren erinnerten, wurden gerne genutzt, um diese „verborgenen“ Tiere weiterzugestalten. Darüber hinaus gruppieren sich oftmals zahlreiche Bilder und Symbole um innere Felsspalten und Strudellöcher, also um weitere Orte der Wiedergeburt! Manche Felsen erinnerten die steinzeitlichen Menschen wohl an Schwangerschaftsbäuche, so dass solche „Rundlinge“ besonders graviert oder bemalt wurden.

Die altsteinzeitlichen Höhlenbilder stammen sehr wahrscheinlich jeweils nur von wenigen religiösen Spezialisten. Diese werden die Bilder im Auftrag ihrer Gemeinschaft aus gegebenen Anlässen rituell gemalt oder graviert haben, um durch den Akt das Wiedergeburts- oder Regenerationsgeschehen zu reaktualisieren. Im Glauben der Menschen führte eine solche Reaktualisierung zur Anregung der notwendigen Naturkräfte. Eine solche Form der sanften „Unterstützung“ schien den Menschen zu allen Zeiten notwendig, um nichts dem Zufall zu überlassen. Bei den mesolithischen Felsgravuren handelt es sich wahrscheinlich nicht um die Hinterlassenschaften von religiösen Spezialisten, sondern um die Trancebilder von Initianden, also von Jugendlichen, die sich in Pubertätsriten befanden. Trotzdem ging es diesen Kulturen ebenfalls um Reaktualisierungen von natürlichen Kräften, die sie durch die rituellen Ritzungen positiv beeinflussen wollten. Diese Erkenntnisse wurden von Religionswissenschaftlern gewonnen, die naturnahe Völker und deren Religiosität untersucht haben. Ihre Ergebnisse werden aufgrund der Ähnlichkeit ihrer Lebenswelten auf prähistorische Kulturen übertragen.

B: Erkläre die Zusammenhänge zwischen der Höhle, dem Geschlechtsakt und der Erneuerung des Lebens.

Inneres einer mesolithischen Kulthöhle mit zahlreichen Gravuren, Ile de France

Typischer Eingang einer mesolithischen Kulthöhle mit mundartiger Öffnung, Ile de France

A 04. Die Verehrung der Lebenskraft

Nach dem Ende der Eiszeit starb nicht nur die Megafauna mit Mammut, wollhaarigem Nashorn, Säbelzahntiger usw. aus, sondern es kam auch zum Untergang der paläolithischen Jägerkulturen. Anfangs jagte man deshalb überwiegend kleineres Wild, das sich im schnell wachsenden Wald überall quer durch Europa ausbreitete. In der mittleren Steinzeit, dem s. g. Mesolithikum, gelangte zunehmend Fisch auf den Speiseplan der Menschen. In Dänemark und Frankreich finden wir zahllose Belege dafür. Durch eine drastische Klimaverbesserung zwischen ca. 6000 v.Chr. und 4000 v.Chr. kam es in Europa zur Ausbreitung der planmäßigen Landwirtschaft, die zuvor bereits in wärmeren Weltgegenden, z.B. rund ums Schwarze Meer, entwickelt worden war. Die Bevölkerung wuchs und wurde zwangsläufig wegen der arbeitsintensiven Feldarbeit sesshaft. Man lebte gemeinsam in größer werdenden Dorfanlagen und verehrte weiterhin die Lebenskraft, die sich den Bauern noch deutlicher im Lauf der Jahreszeiten zeigte: Aussaat und Ernte in der warmen Jahreshälfte und Vorratswirtschaft in der kalten Jahreshälfte! Das gemeinschaftliche, arbeitsteilige Leben erforderte auch gemeinschaftliche Zeremonien, die im Einklang mit der rhythmisch funktionierenden Lebenskraft stehen mussten. So bestattete man die Verstorbenen nun in großen Gemeinschaftsgräbern, die häufig aus riesigen Steinblöcken zusammengefügt wurden. Solche Anlagen haben die Zeitläufte oftmals überdauert und werden von der Wissenschaft Megalithgräber oder Dolmen genannt. In diesen künstlichen Grabhöhlen ging die Mutter der Lebenskraft, die Erde, schwanger. Weil man die Megalithgräber mit großen Erdhügeln überschüttete, sahen die Anlagen in der Tat aus wie Schwangerschaftsbäuche der Erde. Die Verstorbenen sollten an diesen Orten neu geboren werden und wie das Getreide, im neuen Jahr aus der Erde steigen und den ewigen Rhythmus des Lebens, Sterbens und Wiedergeborenwerdens durchlaufen. Die großen und dauerhaften Steine der Gräber symbolisierten dabei das Ewige, weil solche Steine im Glauben der Menschen alle Zeiten überdauerten. Als ab ca. 3500 v.Chr. das Klima wieder deutlich schlechter wurde, endete die megalithische Kultur und die Toten wurden wieder individuell in Einzelgräbern bestattet. Von nun an kam es zum Bau großer Steinkreise, s.g. Cromlechs, mit denen man den Lauf von Sonne und Mond berechnen konnte, um ideale Anbautermine erkennen zu können. Niedrigere Temperaturen zwangen die Menschen zu einer viel exakteren Planung und großen Arbeitsaufwänden für die an Bedeutung zunehmenden Sonnengötter, die das bäuerliche Wohl in der Hand zu haben schienen. Wissenschaftler haben sehr genau die Bezüge zwischen den Steinkreisen und den besonders wichtigen und eindrucksvollen Terminen im Sonnenkalender erkannt: Frühlingsbeginn, Sonnenhöchststand im Mittsommer, Herbstanfang und der Sonnentiefststand im Winter lassen sich relativ sicher mit Hilfe dieser frühen astronomischen Observatorien ablesen. Mindestens aus dieser Zeit stammen unsere Äquinoktialsfeiern (Tag- und Nachtgleichen), die noch heute in Form von Osterfeuer und Erntedank Teil des Festkalenders sind und die Bedeutung der Sonne für das Wachstum unserer landwirtschaftlichen Anbauprodukte zu erkennen geben!

A: Beschreibe die jungsteinzeitlichen Veränderungen in der Religiosität im Vergleich zur Altsteinzeit.

B: Erkläre den Zusammenhang zwischen Tod, Auferstehung, dem Bodenbau und der Sonne.

C: Begründe die kultische Nutzung von Steinkreisen im Zusammenhang mit der Wirtschaft.

„Hohe Steine". Sehr gut erhaltenes Megalithgrab (Dolmen) in der Wildeshauser Geest

A 05. Gott

Unser deutsches Wort „Gott“ stammt mindestens aus dem Althochdeutschen und hat die ursprüngliche Bedeutung von „opfern“. Später übertrug man das Wort auch auf das Wesen, dem etwas geopfert werden sollte. Diese etymologischen (wortgeschichtlichen) Ausführungen alleine verraten aber noch nicht viel Inhaltliches und bringen uns deshalb noch nicht weiter. Allgemein betrachtet, handelt es sich bei dem Begriff um eine Bezeichnung für eine stärkere als menschliche Kraft. Kräfte, die in der Lebenswirklichkeit des Menschen Regel- und Unregelmäßigkeiten verursachen oder auch lediglich zu erkennen geben, werden als stärker erkannt. Zu ihnen gehören seit jeher die Gestirne wie Sonne und Mond mit ihren regelmäßigen Erscheinungen, auf die in gewisser Weise Verlass ist. Ebbe und Flut, unsere Gezeiten, Jahreszeiten usw. gehören ebenfalls dazu. Auf der anderen Seite finden sich Gewitter, Erdbeben, Vulkanausbrüche und dergleichen, die dem Menschen zu allen Zeiten die unberechenbare Seite der Umwelt zeigten. Jenseits des deutschen Wortes handelt es sich bei dem Gotteskonzept um ein uraltes religiöses Phänomen, dessen Existenz dem Jetztmenschen seit dem Paläolithikum bekannt sein muss. In der Regel ordnen sich die Menschen den von ihnen als stärker erkannten Kräften unter und betreiben Rituale, um diese Kräfte zu unterstützen, zu bitten oder ihnen zu danken. Im Laufe der Zeit können solche Kräfte personalisiert werden und ihre Verehrung kann die Etablierung spezialisierten Kultpersonals mit großer Macht zur Folge haben. Je höher die geistige Qualifikation des Menschen ausfällt, desto mehr Selbstbewusstsein entwickelt er, so dass die Personalisierung der Kräfte zu s. g. „Göttern“ mit menschlicher Gestalt und Eigenschaft vorgenommen wird: Der Mensch erschafft seine Götter nach seinem Ebenbild. Einzelne Götter können durch die Verehrung oder ihre wirtschaftlichen Bezüge zu immer größerer Macht gelangen und andere Götter verdrängen. Spezialisierungen in der Gesellschaft führen regelmäßig zu Spezialisierungen der Götter, die im Laufe der Zeit nur noch für einzelne Aspekte ihres ursprünglichen Kultspektrums als zuständig angesehen werden. Häufig gehen sie mit neuen Erkenntnissen über Naturgesetze oder einer gesellschaftlichen Modernisierung verloren, weil sie für überflüssig befunden werden. Solche verdrängten Götter bleiben manchmal als untergeordnete Geistwesen im Volksglauben erhalten, spielen im Kultgeschehen der Religion aber keine Rolle mehr (Feen, Dämonen…). Ein Sonderfall stellt der Monotheismus dar. In den Religionen der Juden, Christen und Moslems hat die additive Gestaltung eines konkurrenzlosen Einzelgottes die allgemeine Entwicklung umgekehrt und ein Gotteskonstrukt geschaffen, das anderen Göttern gegenüber eifersüchtig auftritt, diese bekämpft und verdrängt.

A: Zähle typische Naturgottheiten auf und verbinde sie mit möglichen Ritualen.

B: Finde mögliche naturreligiöse Reste im monotheistischen Gotteskonstrukt der Christen.

C: Begründe den kultischen Verfall bestimmter Gottheiten nach Kulturstufenwechseln wie nach dem Beginn der Jungsteinzeit und der Metallzeiten.

A 06. Der Kult des Maibaums

Noch heute gibt es das Brauchtum des Maibaumsetzens. Es handelt sich dabei um einen uralten Kult bäuerlicher Gesellschaften zur Frühlingszeit. Seine Wurzeln reichen bis in die jungsteinzeitliche Vergangenheit zurück. Dieser Kult, der in ganz Europa vorzufinden ist, findet entweder in der Nacht zum 1. Mai, der Walpurgisnacht, statt oder zu Pfingsten. In Skandinavien, wo der Frühling erst deutlich später einsetzt, wird dieser Brauch auf das Mittsommerfest zur Sommersonnenwende (Johannistag) am 21.06. verlegt. Die Grundzüge des Kultes sind überall gleich: Von der Dorfgemeinschaft wird ein bestimmter Baum ausgewählt, gefällt, auf dem Marktplatz des Ortes geschmückt und aufgestellt. In der Regel nahm man Birken, einen typischen nordischen Frühlingsbaum, doch auch Tannen als immergrüne Bäume waren in bergigen Regionen beliebt. Vereinzelt bediente man sich der Haselnuss, da das Nüsseknacken eine Anspielung auf sexuelle Handlungen war und deutliche Bezüge zum Thema Fruchtbarkeit aufweist. Der Baum wurde bis auf die Krone entastet und mit einem Querbalken versehen. Beide Teile wurden mit Eiern, Wurst- und Backwaren behängt und als Symbol großen Lebensreichtums, also großer Fruchtbarkeit, gegen Mitglieder anderer Dorfgemeinschaften verteidigt. Bei dem nächtlichen Wettstreit ging es darum, den Nachbardörfern ihre Bäume und damit ihre Fruchtbarkeit abzujagen. Im Glauben der Menschen steigerte sich durch den Gewinn eines Baumes die Fruchtbarkeit der eigenen Felder. Ohne den Baum blieb in der Vorstellungswelt früherer Zeiten das Ernteglück aus. Eine Rückgabe wurde deshalb kompromisslos angestrebt und in der Regel teuer erkauft. Hinter diesen Bräuchen steht die Erkenntnis einer Abhängigkeit des Menschen von den göttlich vorgestellten Wachstumskräften der Erde. Das Christentum übernahm diese Ideen und trug Maienschmuck bis auf den Altar der Kirche. Seit dem späten Mittelalter wurden darüber hinaus Maibäume häufig mit kleinen Kreuzen gekrönt oder in katholischen Gebieten bis heute kirchlich geweiht: Maria kommt dabei nicht nur die Rolle einer „Gottesmutter", sondern auch einer „Weltenmutter" zu, die man durchaus mit der uralten Idee der s. g. „Mutter Erde" vergleichen darf. Die Fruchtbarkeitskräfte der Erde sind im Glauben der Menschen in erster Linie weiblich!

A: Nenne weitere Volksfeste und recherchiere zu möglichen religiösen Wurzeln.

B: Erkläre ausführlich die Symbolik des Maibaums.

C: Begründe den Zusammenhang zwischen Maibaum und Fruchtbarkeitsvorstellungen.

A 07. Die Auferstehung

Seit den Anfängen des homo sapiens sapiens beobachtete dieser aufmerksam seine Welt. Die lebensnotwendigen Rhythmen des Werdens, Vergehens und Wiederkehrens sicherten ihm sein Dasein. Durch die kultische Nachahmung dieser Naturkreisläufe ordnete sich der Mensch als Lebewesen unter die stärkeren als menschlichen Kräfte, die die Rhythmen des Lebens antrieben. Beispiele für eine solche Unterordnung sind Zeremonien, mittels derer die Menschen ihren Anteil am Gelingen der Naturkreisläufe beitragen. Mit der Sesshaftigkeit des Menschen kam es, bedingt durch die höhere Produktivität des Garten- und Ackerbaus, zu einer Populationssteigerung, also einer Zunahme der Bevölkerung. Neben den Problemen der Menschen mit der unzuverlässigen Natur kam es nun vermehrt zu Problemen untereinander. Größere Menschengruppen leiden automatisch unter häufigeren Interessenkonflikten. Während man sich in der langen Phase der Altsteinzeit einfach aus dem Weg gehen konnte, führte der Ackerbau in der Regel zu Grenzstreitigkeiten und die Verstädterung zu Nachbarschaftsstreitereien oder anderem. Die Hoffnung auf eine ewige Wiederkehr des Lebens erhielt nun eine Konkurrenz in der Hoffnung auf ein friedliches Miteinander. Da die starken Kräfte der Natur für eben diese Natur verantwortlich gemacht wurden, bedurfte es analog dazu nun ebenfalls der starken Kräfte in Menschengestalt, die für das Menschsein verantwortlich waren. Der Mensch schuf sich deshalb in der Folge Kraftwesen, die sein Antlitz trugen und von uns verallgemeinernd Götter genannt werden. Im Laufe der Zeit verwoben sich die älteren Kraftideen mit den jüngeren anthropomorphen Kraftwesen, sodass die überlieferten Mythen und Kulte nunmehr in Zusammenhang mit den neuen Göttern gebracht wurden. In Bezug auf die Erneuerung des Lebens können wir z.B. eine Verknüpfung alter Regenerationsvorstellungen und der Auferstehung Jesu Christi erkennen. Sein von Menschen verursachter Tod führte in der christlichen Mythologie in die Auferstehung und symbolisiert die Erneuerung des Lebens in Menschengestalt. So wie das Gute in der Natur alle Jahre wieder kommt, so erscheint selbst das durch Menschen vernichtete Gute immer wieder und lässt sich nicht ausrotten. Diese Vorstellung brachte den Menschen die Hoffnung auf eine ewige Erneuerungsmöglichkeit des Friedens untereinander. Die Botschaft Jesu wurde an Ostern mit den alten naturbezogenen Ideen verknüpft. Seine Auferstehung fällt nicht von ungefähr mit dem Frühlingsanfang und damit mit dem Erneuerungstermin der Natur zusammen! Der Begriff ‚Ostern' ist sprachgeschichtlich auf das Wort Osten, also Morgenröte, zurückzuführen. Der Aufgang der Sonne symbolisiert dabei nicht nur das neue Leben der Natur, sondern ebenfalls das neue Leben in den zwischenmenschlichen Beziehungen. Nach wie vor feiern wir dieses Ritual am ersten Sonntag nach dem ersten Vollmond nach Frühlingsanfang. Es ist und bleibt ein altes Äquinoktialsfest, dem aber im Zuge des Bevölkerungswachstums eine soziale, also auf die Gemeinschaft bezogene Komponente angehängt wurde. Hier verbinden sich uralte bäuerliche Ideen der Erwärmung des Ackers im Symbol des Osterfeuers mit den jüngeren Ideen der Liebe und Zuversicht im Symbol der Auferstehung Jesu. Beide Symbole bedeuten auf ihre eigene Art und Weise eine Wiedergeburt des Guten oder eine Auferstehung, um es in der Sprache der Christen zu formulieren.

A: Skizziere eine Zeitleiste der Auferstehungsideen von der Altsteinzeit bis zum frühen Christentum.

B: Erkläre ausführlich die Bedeutung des Auferstehungsglaubens für alle Kulturstufen.

B: Paradiesgärten

Der Weg in den Garten stellt einen Übergang von der Wildnis zur Zivilisation dar

B 01. Was ist ein Garten?

Fast jeder glaubt zu wissen was ein Garten ist. Doch der Begriff ‚Garten' verdient eine genauere Betrachtung, um seine exakte Bedeutung erkennen zu können. Für eine solche Begriffsanalyse bedarf es zu allererst einer s.g. etymologischen Untersuchung. Das ist eine Untersuchung der Begriffsgeschichte, also der Herkunft und Ursprungsbedeutung des Wortes. Unser Begriff ‚Garten' taucht in leicht abgewandelter Form bereits im frühen Mittelalter als althochdeutsches Wort ‚garto' auf. Er geht zurück auf alte gotische Sprachformen, wie sprachgeschichtliche Untersuchungen ergeben haben. Das gotische Wort ‚garda' bedeutet dabei Gerten, also biegsame, flechtbare Zweige, wie sie früher häufig für Flechtzäune benutzt wurden. In früh- und mittelhochdeutschen Texten taucht der Begriff immer wieder auf und zwar stets im Zusammenhang mit eingezäunten Grünflächen aller Art. Ein wortverwandter Begriff dazu ist unser Verb ‚gürten', also einen Gürtel schließen. Dafür spricht auch die Verwandtschaft mit dem indogermanischen Wort ‚ghorto', das Umzäunung bedeutet. Im Städtenamen ‚Stuttgart' finden wir noch heute die Endung ‚gart', die eindeutig mit unserem Wort ‚Garten' in engem Zusammenhang steht. So bezeichnet ‚Stuttgart' einen Stuten-Garten, also eine Pferdekoppel oder ein eingezäuntes Gestüt. Die kulturelle Sitte, Grünflächen einzuzäunen und sie damit vom Rest der Natur abzusondern, hat verschiedene Ursprünge. Einerseits wollte der Mensch bereits früh seinen Besitz markieren und gegenüber anderen Mitmenschen abgrenzen. Andererseits diente gerade in vorindustrieller Zeit der geflochtene Gartenzaun als guter Schutz vor wilden Tieren. Außerdem verhinderte er die Flucht von gehaltenen Nutztieren. Bedenkt man, dass Europa noch im Mittelalter flächendeckend bewaldet war und die menschliche Kultur damit von Urwald bedroht wurde, so kann man leicht nachvollziehen, dass die lebensnotwendigen Gärten aller Art beschützt werden mussten. Einer zweiten sprachlichen Wurzel von Gartenanlagen begegnen wir in den Städtenamen mit der Endung „–hagen". Dieser Wortanhang (Suffix) stammt vom Wort „hag" ab, das eine Hecke, also einen lebenden Zaun bezeichnet. Mit Hecken grenzte man im Mittelalter ebenfalls Gärten von der Wildnis ab. Von großer Bedeutung war auch die Rodung von Wald, die erst einen bäuerlichen Lebensraum erschloss! Zahlreiche Ortsnamen mit den Endungen „rod", „rode" oder „ried" verweisen auf diese Tätigkeiten, die nötig waren, um später Gärten anzulegen. Je weniger Zeit eine Gesellschaft für die Aneignung oder Produktion von Nahrung benötigt, desto mehr Zeit steht ihren Mitgliedern für andere Tätigkeiten zur Verfügung. D.h., dass im Laufe der Zeit immer mehr Gärten mit Blumen geschmückt werden konnten. So entstanden in allen Kulturen aus Nutzgärten langsam Ziergärten. Trotz dieser Nutzungsveränderung blieb der Begriff ‚Garten' allerdings erhalten. Heute wenden wir ihn in erster Linie für unsere privaten Hausgärten an. Öffentliche Anlagen in Städten würden wir eher als ‚Park' bezeichnen und landwirtschaftliche Nutzflächen werden gar nicht mehr mit diesem Begriff in Verbindung gebracht. Die Bedeutung zahlreicher Gärten kann oftmals nur unter Zuhilfenahme von Religion und Klimageschichte entschlüsselt werden. Zu diesem Zweck sollen die folgenden Arbeitsblätter dienen.

A: Erkläre den Begriff ‚Garten' ausführlich!

B: Überprüfe weitere Ortsnamen auf Zusammenhänge mit den Phänomenen „Garten", „Hecke" und „Rodung".

Hecken – wie hier in Lütetsburg - schließen die ungezähmte Natur aus dem Garten aus

B 02. Das Paradies

Eine der ältesten schriftlichen Erinnerungsstützen der europäischen Kulturen ist die Bibel. Ihrer Verbreitung durch die christlichen Kirchen verdanken wir Europäer die Bekanntschaft mit dem Paradies. Ideologisch ist das ein Ort höchster Ordnung, der das unverständliche Chaos der Welt so harmonisiert, dass er als gedanklicher Ruhepol den Menschen Frieden und Sicherheit auf Erden vermittelt, aber auch im Jenseits verspricht. Jeder Mensch hat auf Grund seiner persönlichen Entwicklung eine eigene Idee von der Gestalt eines solchen Ortes, doch bedarf es eines vertiefenden Blickes, um die Bedeutung des Begriffes und seiner religionsgeschichtlichen Ausgestaltung zu erkennen. Die biblischen Autoren und ihre späteren Übersetzer übernahmen den Begriff aus einer vorpersischen Sprache. Sie verbanden mit diesem ‚pairidaeza' die Vorstellung von einem wunderbaren Ort, der im Gegensatz zu weiten Teilen der arabischen Landmasse vor Leben strotzte. Die israelitischen Hirtennomaden, die mit ihren Schafherden am Rande des Fruchtbaren Halbmondes ein kümmerliches Dasein fristeten, wurden in der Regel nur für kurze Zeiträume auf den Ländereien sesshafter Völker geduldet. Zu groß war die Angst vor den alles kurz fressenden Schafen und der daraus resultierenden Zerstörung von landwirtschaftlichen Anbauflächen. Auf ihren Wanderungen durch die Halbwüste stießen die Nomaden häufig auf eindrucksvolle Gärten, die vollständig ummauert waren. Solche Gärten nannten ihre Erbauer ‚pairidaeza', was so viel wie ‚Ummauerung' bedeutet. Es handelte sich dabei um große rechteckige und durch Kanäle unterteilte Gärten, die im Besitz adliger Familien im s.g. Zweistromland lagen. Der bedeutendste Typ des ‚pairidaeza' war ein von zwei sich kreuzenden Kanälen viergeteilter Garten mit Bäumen, Blumen, Tieren und Pavillons, dessen Name ‚caharbagh', wörtlich ‚vier Parzellen' lautet. Seine Gestalt verrät uns, dass er ein Symbol der ganzen geordneten Welt, also ein Mikrokosmos war. Weil die israelitischen Nomaden solche prächtigen Anlagen nur von außen bestaunen konnten, entstand eine verständliche Sehnsucht nach einem eigenen Paradies. So verbanden sie die Idee vom uranfänglichen Garten Eden, der in der Schöpfungserzählung in Gen2 als Schoß des Lebens beschrieben wird, mit dem Paradies und seinen vier Flüssen und legten damit den Grundstein für seine Überlieferung bis in unsere Zeit:

„Dann legte Gott, der Herr, in Eden, im Osten, einen Garten an..." (Gen2,8). „Ein Strom entspringt in Eden, der den Garten bewässert; dort teilt er sich und wird zu vier Hauptflüssen." (Gen2,10)

Leider konnte kein ‚pairidaeza' gerettet werden. Kriege und die Zeitläufte haben sie allesamt zerstört. Es blieben ihre Beschreibungen und einige archäologische Bodenfunde, die uns zeigen, wo sie einst existierten. Heute ist die ursprüngliche Wortbedeutung weitestgehend verloren gegangen. Für die meisten Menschen bedeutet der Begriff Paradies seit der frühen Neuzeit nur noch einen Sehnsuchtsort, der von vollendeter, also von göttlicher Schönheit ist. Die Suche danach bestimmt bis heute u.a. die Gartenkunst, die mittels einer Art des Modellbaus, diesen Ort zu rekonstruieren versucht.

A1: Beschreibe die s.g. Paradiese sehr genau!

A2: Verfasse eine Beschreibung deiner eigenen Paradiesvorstellung.

B: Erkläre den Zusammenhang von Kosmos und Paradies.

C: Begründe die Abwehr sesshafter Völker gegen Nomaden.

Persisches Pairidaeza auf klassischem Teppich des 17. Jh., Victoria and Albert Museum London

B 03. Der islamische Garten

Die christlichen Kulturen teilen die Vorstellungen vom Paradies mit den jüdischen und islamischen Kulturen. Dabei schöpft der Islam, als jüngste der drei monotheistischen Religionen, aus drei großen kulturellen Quellen, nämlich aus der arabischen, aus der persischen und aus der türkischen. In Bezug auf den Garten sind die arabischen und persischen Einflüsse am stärksten. Träger arabischer Kulturen zeigten schon immer eine regelrechte Ablehnung gegenüber der unberührten Natur, die in ihren Siedlungsgebieten bis heute überwiegend von Wüste geprägt ist. Sie grenzten ihre Gärten mit Mauern von der Wüste und den dort umherziehenden Nomaden ab. Ihre Vorliebe für die Farbe Grün entspringt aus der Antipathie gegenüber der lebensfeindlichen Wüste. Neben der hermetischen Ummauerung ihrer Gärten kannten die persischen Gartenbaumeister noch die Bemühung um eine totale Ordnung im Garten. Die Natur wurde völlig geometrisiert, um eine Vollkommenheit anzustreben. Der persische Garten wurde durch zwei horizontale Achsen kreuzförmig unterteilt und erinnert dadurch an die antiken Paradiese ihrer Vorgängerkulturen. Die Vierteilung des Gartenraumes symbolisiert die Welt mit ihren vier Himmelsrichtungen und so wird auch dieser Garten zum Mikrokosmos, also zum verkleinerten Abbild der Welt. Im Islam wurden beide kulturelle Quellen miteinander verbunden. Das Ergebnis war eine Annäherung an das im Koran beschriebene Paradies, dessen Vorbilder sicher die gleichen vorpersischen Gärten waren, die auch von den jüdischen Autoren des Alten Testaments beschrieben wurden. Zwar herrscht im Islam ein Verbot, das Paradies nachzuahmen, doch in der lebensfeindlichen Umwelt der arabischen Kulturen kann nicht auf geordnete Gärten verzichtet werden. Sie dienen dem Überleben der Menschen. Deshalb akzeptiert man den Bau solcher Anlagen. Bestimmendes Element des islamischen Gartens ist natürlich das Wasser. Es schafft die Basis für die Vegetation und damit das Leben. Gerade in der Wüste sind Wasser und Pflanzen ein göttliches Geschenk und die zahlreich gepflanzten immergrünen Bäume sind Symbole ewiger, also göttlicher Jugend. So wird der islamische Garten zum Vorgeschmack auf das überlieferte Paradies, wie es im Koran beschrieben ist: „...die Gärten von Eden, in deren Niederungen Bäche fließen, und in denen sie weilen werden“ (Sure 20,76). Ein Bach führt Wasser, einer nie verderbende Milch, einer Wein und ein anderer Honig (Sure 47,15). Darüber hinaus gibt es Tore, die den Garten gegenüber der feindlichen Umwelt abschirmen. Im Gegensatz zur Umwelt herrscht im Paradiesgarten ewiger Frühling! Das Leben symbolisierende Grün wurde im Islam zur Farbe des Propheten, der damit natürlich am Paradies teilhat.

A: Erkläre die arabische Vorliebe für die Farbe Grün und begründe die Ablehnung unberührter Natur!

B: Vergleiche den islamischen Garten mit den vorpersischen pairidaeza und der jüdisch-christlichen Paradiesvorstellung.

C: Recherchiere zu den islamischen Gärten der Generalife von Granada in Andalusien und gestalte ein Extrablatt mit Skizze, Beschreibung und Interpretation.

Wasser in der Gestaltung islamischer Gärten. Mogulmalerei 1597, Victoria and Albert Museum London

B 04. Der mittelalterliche Garten

Das Mittelalter kann keineswegs als einheitliche Epoche angesehen werden. Vielmehr wirken in verschiedenen Zeiten unterschiedliche gesellschaftliche Kräfte auf die Epoche und führen zu drei großen kulturgeschichtlichen Perioden. In der ersten und gleichzeitig längsten Periode, die klimatisch eher unsicher und wechselhaft war, wirkte sich die grundherrschaftliche Naturalwirtschaft auch auf die Gartengeschichte aus. Es gab bis ins 11. Jh. überwiegend Nutzgärten, die zur Versorgung von Landgütern und Klöstern dienten, aber in manchem Hungerjahr auch der Unterstützung der armen Landbevölkerung dienten. Erst in der zweiten Periode, die das relativ warme 12. und 13. Jh. umfasst, entwickelten sich mit der ritterlichen Gesellschaft und dem Erstarken der Klöster vermehrt Lust- und Klostergärten. Diese dienten angesichts der überwiegend guten Ernten nun eher gesellschaftlichen und theologischen Zwecken wie Feiern und Singen. Die dritte Periode entstand durch den zunehmenden Wechsel der kulturellen und politischen Führung vom Klerus, bzw. Adel zum finanzstarken Bürgertum, das vor allem durch die Fernhandelskaufleute repräsentiert wurde.

Zu kaum einer Zeit war die Gartenidee so eng mit der biblischen Überlieferung des Paradieses verbunden wie im Mittelalter! Für unsere Geschichte der Gartenkultur sind die klösterlichen Kreuzgänge am interessantesten, so dass sie hier einer näheren Betrachtung unterzogen werden sollen. Kreuzgänge sind quadratisch angelegte Grünflächen innerhalb der Klostermauern. Sie schließen sich direkt an den Kirchenbau an und weisen ein Wegekreuz auf, in dessen Mitte sich ein Brunnen befindet. Neben der Symbolisierung des Paradieses, versinnbildlicht er auch noch die Quelle der geistlichen Nahrung. Mit seiner Gestalt wird der Kreuzgang zum Abbild der viergeteilten Welt im Allgemeinen und zur Wiederholung des Paradiesgartens im Speziellen. Durch seine Ummauerung wird die profane, also die nicht-religiöse Welt ausgeschlossen und zum Ort ohne Sünde. Die Fachsprache bezeichnet einen solchen Garten als „hortus conclusus“, also als abgeschlossenen Garten. Neben ihrer architektonischen Existenz finden wir sie und ähnliche Gärten auch auf mittelalterlichen Gemälden. Häufig sieht man im Zentrum dieser gemalten Gärten eine Marienfigur, da sie im christlichen Glauben die absolute Reinheit symbolisiert, die sie dem biblischen Mythos zufolge einer „unbefleckten“, also asexuellen Empfängnis verdankt. Aus diesem Grund ist sie die erste Person die nach dem Sündenfall das Paradies betreten darf. Mit ihr zusammen findet man in der Regel Rosen und Lilien im Garten: Rote Rosen erinnern dabei an die Leiden Christi und weiße Lilien gelten als Symbol der Reinheit. Diese mittelalterlichen Gärten dienten der religiösen Versenkung, dem Nachdenken über und Beten zu Gott. Sie symbolisieren bis heute die Schöpfung, also den Anfang und das verlorene Paradies. Den Gläubigen galten solche Bilder, aber auch die real existierenden Gärten als Zeugnis des göttlichen Schutzes der Welt. Zumindest zahlreiche Kreuzgänge konnten bis in unsere Zeit erhalten bleiben. Sie konservieren die mittelalterliche Idee vom verschlossenen und durch Gott beschützten Paradies, das als Ruhepol und Rettungsanker der christlichen Bevölkerung diente.

A: Erkläre, warum nur Maria den „hortus conclusus“ betreten darf.

B: Verdeutliche den Zusammenhang zwischen dem Kreuzgang und Gen2,10!

Spätmittelalterliche Madonnenfigur mit Jesus im Paradies (Raibolini), Alte Pinakothek München, ca. 1500

B 05. Marienpflanzen der Demut

Natürlich gibt es von allen Gartenkunstepochen wesentlich mehr Abbildungen als Gartenanlagen selbst. Doch gerade für das Mittelalter müssen wir ein totales Missverhältnis erkennen: Die Anzahl der erhaltenen Gartenanlagen ist gleich Null, so dass die Abbildungen von Gärten dieser Epoche einer sorgfältigen Analyse bedürfen. Auf Grund der engen Verflechtung zwischen christlicher Religion und Kunst stehen so genannte Mariengärten im Vordergrund mittelalterlicher Darstellungen. Es sind überwiegend Altar- oder Andachtsbilder, die jedoch längst nicht mehr alle in Kirchen, sondern durch die wechselvolle Geschichte zum Teil in Museen vorzufinden sind.

Bei der Betrachtung solcher Bilder fällt auf, dass eine Reihe von Pflanzen immer wieder auftaucht. Diese stehen in enger symbolischer Beziehung zur Person Marias und sollen hier vorgestellt werden. Es sind in erster Linie das Gänseblümchen, das Veilchen und die Walderdbeere sowie die Rose, die Lilie und die Akelei. Alle diese Pflanzen sagen etwas über Marias Eigenschaften und ihre Biographie aus. Darüber hinaus verbinden sie Maria mit anderen, viel älteren mythischen Gestalten und Göttinnen! Nach mittelalterlicher Vorstellung können wir die sechs genannten Pflanzen grob in zwei Kategorien einteilen, nämlich in Pflanzen der Demut und in solche der Königlichkeit Marias.

Einer alten Legende zufolge entstanden die Gänseblümchen aus Marias Tränen, die sie auf ihrer mythischen Flucht nach Ägypten vergoss. Doch auch Form und Farbe symbolisierten den mittelalterlichen Menschen eine Nähe zu Maria: So wie eine fürsorgliche Mutter ihre Kinder, so schützt die Gänseblume ihren Blütenkorb bei Nacht oder Regen durch das Verschließen mit den weißen Blütenblättern. Der gelbe Blütenkorb verkörpert darüber hinaus auch die Sonne, deren Strahlen in den Blütenblättern erkannt wurden. Marias Sohn Jesus wird im Johannesevangelium mit der Aussage „Ich bin das Licht der Welt“ zitiert, was auf eine Nähe zur Sonne hinweist. Als Sonnen-Blume steht das Gänseblümchen in Verbindung mit dem Frühling, also der Zeit seiner ersten Blüte und der im Frühling einsetzenden Fruchtbarkeit. Aus diesem Grund war das Gänseblümchen bereits in der Antike eine Symbolblume verschiedener Fruchtbarkeitsgöttinnen! Der Name dieser Blume erinnert an die Wildgänse, die genau wie die Blume selbst den kommenden Frühling ankündigen. Durch das Gänseblümchen bekommt auch Maria im Volksglauben Züge einer Fruchtbarkeitsgöttin. Schließlich wächst das kleine Blümchen dicht am Boden und kann als bescheidene Pflanze die Bescheidenheit und Demut Marias symbolisieren. Das zweite Marienblümchen ist das Veilchen. Es ist ebenfalls ein Frühjahrsblüher, das mit der Hoffnung auf ein gutes und fruchtbares neues Bauernjahr begrüßt wurde. Es wächst genau wie das Gänseblümchen dicht am Boden und verkörpert damit wiederum die Demut Marias. Die auffällige blaue Farbe ihrer Blüte verweist aber auch auf königliche Ehren: Blau gilt bis heute als Königsfarbe. Marias Königlichkeit bezieht sich auf ihre Nähe zu Gott, der im blau scheinenden Himmel thront. Als dritte Pflanze im Bunde der Demutsgewächse gilt die Walderdbeere. Ihre dreigeteilten Blätter symbolisieren die Dreifaltigkeit aus Gott, Jesus und dem Heiligen Geist. Die roten Beeren verweisen auf das Leid Christi am Kreuz und auf Marias Liebe zu Gott. Des Weiteren verkörpern die weißen Blüten der erdverbundenen Pflanze die Reinheit Marias.

A: Verdeutliche die Idee der Demutspflanzen mit Hilfe einer Tabelle. Gestalte das Blatt auch mit Darstellungen.

B 06. Die Rose als königliche Marienblume

In der Pflanzensymbolik Europas spielt die Rose eine herausragende Rolle. Sie wird mindestens seit dem 24. Jh. v.Chr. genutzt und war zu allen Zeiten ein Liebessymbol. Ihre überragende Schönheit machte die Blume zum größten pflanzlichen Symbol ewiger Liebe. Römer und Griechen schmückten sogar ihre Verstorbenen mit Rosenkränzen, als Zeichen der Verbundenheit und der Hoffnung auf ewiges Leben. So wundert es nicht, dass zahlreiche Liebesgöttinnen wie die ägyptische Isis oder die griechische Aphrodite mit der Rose in Verbindung gebracht wurden.

Im christlichen Abendland übernimmt man den Rosenkult und überträgt ihn schon früh auf Maria und ihren Sohn. Die rote Rose wird dabei zum Symbol Marias ewiger Liebe zu Gott, aber auch zum Symbol Christi Blutes, das aus Liebe zu den Menschen am Kreuz vergossen wird. Die weiße Rose versinnbildlicht dagegen die jungfrauliche Reinheit Marias. Im Zuge dieser Verknüpfung übernimmt Maria natürlich auch Attribute und Eigenschaften der vorchristlichen Liebesgöttinnen wie z.B. den Halbmond von Isis. Durch die Verbindung der überwältigenden Schönheit der Rose mit Maria entsteht eine kraftgeladene Gestalt. Maria wird zur Himmelskönigin mit wahrlich majestätischen Symbolen: Rose, Halbmond und die Bezeichnung ‚Mutter Gottes' stärken ihre Stellung im Volksglauben enorm. Ihre Abbildung erfährt diese Symbolverknüpfung in zahlreichen Bildern des Hochmittelalters. Maria erscheint dabei als gekrönte Himmelskönigin in einem Garten, der von vielen Rosen geschmückt wird. Man spricht hierbei von der s.g. ‚Maria im Rosenhag'. „Hag" ist ein altes Wort für Hecke und bezeichnet einen Garten, der von einer Hecke, also einem lebenden Zaun, eingefriedet ist. Oftmals finden sich weiße und rote Rosen gemeinsam auf den Bildern. Diese Verknüpfung nimmt Bezug auf die sieben Freuden und die sieben Leiden der Maria. Zu den Freuden gehört z.B. die Verkündigung durch den Erzengel Gabriel und zu den Leiden v.a. die Kreuzigung ihres Sohnes auf dem Hügel Golgatha. Freud und Leid finden auch ihren Ausdruck in dem bekannten Weihnachtslied „Maria durch ein' Dornwald ging", in dem die Rose anfangs verdorrt ist (Leid) und durch die Anwesenheit der schwangeren Maria aufblüht (Freud).

A: Recherchiere in Sachbüchern und im Internet zu den Freuden und Leiden Marias und liste sie in einer Tabelle auf.

B: Erstelle zur Rose und zu zwei weiteren bedeutenden königlichen Marienblumen, nämlich zur Lilie und zur Akelei Steckbriefe, in denen du die symbolische Bedeutung für Maria herausarbeitest.

B 07. Renaissancegärten

Ausgangs des Mittelalters erlebte Europa eine gewaltige gesellschaftliche Veränderung. Die Macht der christlichen Kirche wurde zunehmend von Adel und reichem Bürgertum wie z.B. Fernhandelskaufleuten beschnitten. Während das Denken des Mittelalters noch Gott ins Zentrum stellte, rückte die Philosophie der neuen Zeit den Mensch in den Mittelpunkt: das theozentrische Weltbild (Gott im Zentrum) wurde damit vom anthropozentrischen Weltbild (Mensch im Zentrum) abgelöst. Damit einher ging die humanistische Forderung nach Harmonie zwischen den Teilen eines Ganzen. Die Welt wurde nun zunehmend vernetzt gesehen. Zur Verbreitung des radikalen Ideologiewechsels konnte der gerade erfundene Buchdruck dienen, ohne den die Veränderung womöglich in den Anfängen stecken geblieben wäre. Für die Geschichte des Gartens bedeutet das die enge Verknüpfung von Haus und Garten, da beide Teile direkt miteinander verbunden sind und ein Ganzes bilden. Ihren Ursprung hat diese Idee in Italien, wo man bewusst die alten römischen Traditionen wieder aufgriff, um die alten Werte der Antike wieder aufleben zu lassen. Renaissance heißt nämlich Wiedergeburt und meint die Rückbesinnung auf die römische Antike. Bereits im 14. Jh. forderte Petrarca eine Abkehr von der lauten und lasterhaften Stadt, hin zu einem lieblichen Ort im Grünen, wie er zur Zeit des alten Roms bereits gesucht wurde. Der Florentiner Architekt Alberti setzte die neuen Ideen um und konstruierte Villen und Gärten, die miteinander durch Terrassen, Loggien (offene Gartenlauben) und Buchsbaumhecken verbunden sind. Durch die meist geradlinigen Strukturen wurde der Garten der Renaissance sehr architektonisch. Damit stellte sich der christliche Mensch erstmals über Gott und die Natur (Schöpfung), die er nun selbst so ordnete, wie er es für richtig hielt! Die nach außen weiterhin geschlossenen Gärten weisen zahlreiche zimmerartige Abteile, s.g. Carrées auf, die zusammenbetrachtet wie Räume eines Gebäudes wirken. Im Mittelpunkt der Anlagen finden sich nach wie vor Brunnen oder Wasserbecken, deren Bedeutung aber wie zuvor in der überlieferten Paradiesvorstellung zu suchen ist. Als Neuheit führte Alberti Grotten in den Gärten ein. Diese höhlenartigen Bauwerke beherbergen eine sprudelnde Quelle, die mit zahlreichen Symbolen des Wassers und seiner Lebewesen ausgestaltet sind. Es finden sich Abbildungen von Muscheln, Schnecken, Fischen und Wassergöttern, mit denen der Ursprung des Lebens aus dem Wasser, also aus dem Urmeer symbolisiert wird. Ein weiteres Phänomen der Renaissance ist in der Wiederbelebung antiker Götter und Helden zu erkennen. Skulpturen verkörpern ihre Kräfte und transportieren die damit einhergehenden Ideen in eine neue Zeit. Wenn sie auch nicht kultisch verehrt wurden, so erwuchs dem Christentum durch sie jedoch eine unliebsame Konkurrenz: Die Gartenbesucher genossen ihre Anlagen und Skulpturen vor allem durch Spazieren und Schauen. Aus der Zeit der Renaissance haben sich vor allem Gärten in Italien erhalten. Ein besonders eindrucksvolles Beispiel stellt der Garten der Villa Medicea di Castello bei Florenz dar. Der im 15. Jh. begonnene Garten transportiert die Ideen der Renaissance sehr deutlich.

A: Nenne wichtige Elemente und Ideen der Renaissance-Gärten.

B: Erkläre den Zusammenhang zwischen Harmonie und Gartenkunst.

C: Interpretiere ausführlich die Idee der Grotte im Zusammenhang mit dem biblischen Paradies.

Rekonstruktion eines Renaissance-Carreé mit Buchskompartiments, Herrenhäuser Gärten, Hannover

B 08. Tudorgärten: Englands Sonderweg

Auch auf den Britischen Inseln kam es im 16. Jh. zur Ausbreitung neuer italienischer Ideen. Allerdings wurden diese durch den englischen Sonderweg der Tudors gebremst. Heinrich VIII trennte England nämlich von der römisch-katholischen Kirche und wurde zum Oberhaupt einer eigenen Landeskirche, der s.g. anglikanischen Kirche. Das Königshaus der Tudors erlebte im 16. Jh. eine relativ friedliche Zeit, in der es sich in der Folge mit der Anlage kostspieliger Adelssitze und Gärten befassen konnte. Durch die Trennung von Rom verlor die Kirche zunehmend an Macht. Klöster wurden enteignet und deren Ländereien an königstreue Gefolgsleute verkauft. Der Machtverlust der Kirche wurde vom Adel ausgenutzt: Kostspielige Schlösser und Gärten entstanden überall und waren ein Zeugnis des Reichtums ihrer Besitzer. Die Gärtner Englands entwickelten ein Gartenabteil mit zentralem Bodenmuster, dessen Konturen anfangs aus niedrigen Hecken von Lavendel, Majoran oder Thymian und später auch von Buchs gebildet wurden. Weil die Hecken an den Schnittstellen wie übereinander gewunden wirkten, entstanden dort Verdickungen, die an Knoten erinnern. Aus diesem Grund spricht man in diesem Fall von Knotengärten. Die Zwischenräume der verknoteten Hecken füllte man mit Kies, gefärbter Erde und später auch mit Blumen. Eine weitere Besonderheit der englischen Tudor-Gärten findet sich im Bereich der Skulpturen. Während auf dem europäischen Festland Steinskulpturen Verwendung fanden, setzten die Briten grün-weiß gestreifte Holzpfosten mit geschnitzten Tierköpfen an der Spitze in ihre Gärten. Dargestellte Tiere waren z.B. Pferde, Hunde, Löwen oder gar Fabeltiere wie Drachen. Sie symbolisierten Ahnen der Tudors. Darüber hinaus hissten sie an anderen Pfosten Wappenfahnen mit der Tudor-Rose. In der Regel standen diese bemalten Pfosten an den Ecken und im Zentrum der Knotengärten, sie säumten aber auch Wege. Auch in England gab es zentrale Brunnen, die wiederum auf das Paradies verweisen und die kleineren Gartenabteile optisch und symbolisch miteinander in Verbindung setzen. Um die Gärten besser betrachten zu können, gab es in ihnen kleine Hügel, von denen sich eine Rundsicht bot. Häufig fanden sich im Inneren der Hügel Kühlräume, s.g. Eiskeller.

Die Bedeutung der Knotengärten, die anfangs sehr ornamental, später aber gegenständlicher in ihrer Symbolik waren, kann sicher in einer Vernetzung der königlichen Macht gesucht werden: Knoten verbinden nicht nur Stricke, sondern auch Familien, Gruppen oder Länder. Sie stellen bindende Versprechen und Gelübde dar und können im Zusammenhang mit Gärten auch als Verbindung zwischen Mensch und Natur und damit zwischen Mensch und Gott dem Schöpfer gedeutet werden. Ein solches Denken war im 16. Jh. Äußerst modern und wegweisend, da es die monistische Macht der einen katholischen Kirche in Frage stellte. Außerdem verdeutlichen die kunstvoll geschnittenen Anlagen die menschliche Macht über die Natur, da sie diese nach eigenen Vorstellungen extrem verändern können. Gerade im 15. und 16. Jh. sehen wir erstmals den Menschen als eigenständigen Schöpfer, der versucht Gottes Rolle zu übernehmen.

A: Beschreibe typische Tudor-Gärten.

B: Erläutere die kulturelle Bedeutung des Knotensymbols.

C: Beurteile die Aktualität des Tudor-Gartens für unser modernes Denken.

Rekonstruktion eines englischen Tudor-Knotengartens, Southampton (England)

B 09. Der Garten des Manierismus

Als um 1500 n.Chr. eine Reihe von Ereignissen das feste Weltbild Europas erschütterte, ahnte noch niemand, dass man später rückblickend vom Beginn der Neuzeit sprechen würde. Kolumbus Fahrt nach Amerika machte einer breiten Öffentlichkeit klar, dass die Welt doch größer als vermutet war. Daneben verdeutlichten die astronomischen Erkenntnisse des Mathematikers Kopernikus die Rhythmik des Universums und führten zur Abkehr vom geozentrischen Weltbild (Erde im Zentrum) des Ptolemäus. Die Wiederentdeckung des heliozentrischen Weltbildes (Sonne im Zentrum), das bereits griechischen Philosophen um 300 v.Chr. bekannt war, zerrüttete den mittelalterlichen Glauben an eine von Gott beschützte Welt in der Mitte des Universums. In dieser Zeit des Umbruchs kam es dazu noch zur Spaltung der abendländischen Kirche, unter anderem durch Luther. Betrachten wir die Ideen und Produkte jener Epoche, so erkennen wir einen wachsenden Zweifel an alten Werten. Dieser Prozess wird auch in der Gestaltung von Gärten sichtbar. Die letztlich auf die vorpersischen Paradiese zurückzuführenden Gartenmauern, die Ausdruck einer göttlich beschützten Mitte des Lebens waren, öffneten sich gegenüber der Welt. Damit wurde die Ansicht zum Ausdruck gebracht, dass es in einer sich ständig verändernden Welt keine eindeutigen geographischen Paradiesverortungen geben kann. Der Garten symbolisiert zwar weiterhin das Paradies, jedoch grenzenlos, also mit geöffneten Mauern, um zu zeigen, dass das Paradies überall sein kann. Zusammen mit den geschlossenen Mauern verzichtet man nun auch auf die humanistische Formenlehre und ihre Harmonie in den Gärten. Zwar bleiben vielerorts die überlieferten Carées erhalten, doch werden sie mit grotesken (verzerrten) Skulpturen und Architekturen erweitert. Das Groteske, also das deutlich überzogen und verzerrt Dargestellte, verkörpert den Zweifel an allen naturwissenschaftlichen Gesetzen und an den Wahrnehmungen. Die Welt wurde den Denkern zu unverständlich, da laufend Neues entdeckt wurde und verortet werden musste. Im Rückblick lässt sich damit bereits die Entstehung der absolutistischen Macht mit ihrer strukturierten Ordnung erahnen, die das kommende Zeitalter des Barock dominieren wird.

Bekanntestes Beispiel manieristischer Gartenarchitektur aber ist der italienische Garten der Familie Orsini, der s.g. sacro bosco (heiliger Wald) von Bomarzo, der zwischen 1552 und 1583 gestaltet wurde. Der humanistische Versuch, die Natur zu geometrisieren und sie damit einer harmonischen Ordnung zu unterwerfen, wurde im Manierismus aufgegeben. Die ganze Welt und die Natur zu Hause wurden als zu geheimnisvoll erkannt, um sie eindeutig ordnen zu können. So gibt es im heiligen Wald von Bomarzo Skulpturen von mythischen Mischwesen und Gebäude, die mit Absicht der architektonischen Ordnung widersprechen, wie z.B. das „Schiefe Haus“.

A: Nenne Gründe für die Abkehr von der Harmonie im Zeitalter des Manierismus.

B: Erkläre die Öffnung der Gärten genau.

C: Recherchiere zum sacro bosco von Bomarzo und gestalte ein Extrablatt mit Skizze, Beschreibung und Deutung einzelner Elemente.

Manieristische Gartenarchitektur „Erdmaul“ in Bomarzo, Italien

B 10. Barockgärten

Nachdem die katholische Kirche die Folgen der Reformation überwunden hatte, versuchten ihre Vertreter verlorenes Terrain zurückzuerobern. Es galt, „Schwachstellen" der Protestanten zu ermitteln, um Hebel anzusetzen, die der religiösen Konkurrenz schaden konnten. In erster Linie richtete sich das Augenmerk auf die schmuckarme Ausgestaltung der protestantischen Gottesdiensträume. Mittels eines neuen prunkvollen Kunststils sollte Gottes Macht und Herrlichkeit auch auf Erden eindrucksvoll zur Schau gestellt werden. Ab ca. 1600 verbreitete sich vor allem in Süd- und Westeuropa der s. g. Barockstil mit zahlreichen verblüffenden Effekten und dem Spiel mit der Illusion. Der Name ‚Barock', der aus dem Portugiesischen stammt, bedeutet ‚schief' und wurde anfänglich abwertend als ‚schwülstig und absonderlich' benutzt. Die auf überschwänglichen Prunk ausgerichtete Stilrichtung wurde im Zuge der katholischen Gegenreformation zum bestimmenden künstlerischen Ausdrucksmittel des Absolutismus. Barocke Gärten verdeutlichen die irdische Machtentfaltung ihrer katholischen Herrscher von Gottes Gnaden. Durch großzügige Blickachsen wurden die Schlösser mit den Gärten und der sie umgebenden restlichen Welt verbunden. Dazu dienten den Gartenarchitekten einige Stilmittel, die eine nähere Betrachtung verdienen: Im Zentrum der weitläufigen Gärten finden sich häufig Brunnen oder Kanalkreuze, die Bezug auf den Garten Eden nehmen und den Garten wieder zum Mikrokosmos machen. In der unmittelbaren Nähe des Schlosses wurde der Garten in große Felder, s. g. Parterres unterteilt. Diese waren reichhaltig mit Buchsbaum, Blumen und Rasen verziert und versinnbildlichen die vollendete Schöpfung, die vom Herrscher von Gottes Gnaden gestaltet und unterworfen worden war. Dem gleichen Zweck dienen auch Alleen, Hecken und Kanäle, die ebenfalls ein Zeugnis von der göttlich-schöpferischen Macht des Herrschers über die Natur ablegen. Je weiter man sich im Garten vom Schloss entfernt, desto einfacher erscheint die Gestaltung der Grünanlagen. Damit soll ein fast nahtloser Übergang zwischen dem gestalteten Mikrokosmos und der restlichen Welt geschaffen werden. Bedeutendstes Beispiel barocker Gartenkunst ist sicherlich der Park von Versailles, den der französische König Ludwig XIV ab 1662 von seinem Gartenarchitekten André Le Notre anlegen ließ. Dafür musste ein großes Sumpfgebiet trockengelegt und erschlossen werden. Entsprechend der vorherrschenden Denkweise jener Zeit wurde der Garten geometrisch-rational gestaltet und spiegelt damit den Einfluss der menschlichen Macht über die Natur. Seine zentrale Blickachse, entlang des s. g. Grand Canal, weicht um etwa 23,27° von der Ost-West-Achse ab, weil die Schiefe der Ekliptik ebenfalls um diesen Wert von der Ebene der Erdbahn abweicht. Dieses Phänomen ist für die Jahreszeiten auf der Erde verantwortlich und kann als Symbol der Verbindung von Raum und Zeit interpretiert werden. Ein weiterer Aspekt barocker Gartenkunst muss im Kontext der Klimageschichte gesucht werden. Das 17. Jh. ging als kältestes Jh. des letzten Jahrtausends in die Geschichte ein. Man spricht hierbei vom Höhepunkt der s.g. kleinen Eiszeit. Vor dem Hintergrund eisiger Kälte, zahlreicher Hungersnöte und daraus resultierender Kriege, kann die barocke Gartenkunst auch als Hoffnung auf eine Verbesserung der Lebensverhältnisse angesehen werden, so wie sie für die alten Israeliten in den pairidaezas gesehen wurden. Damit galt der Garten auch wieder als irdisches Symbol des himmlischen Paradieses, welches nach dem Tod erreichbar wurde.

A: Nenne Beispiele für die schöpferische Macht der absolutistischen Herrscher.

B: Verdeutliche den Zusammenhang zwischen Barockkunst und Gegenreformation.

Barocke Gartenachse - vom Schloss „Vaux-le-Vicomte“ (Ile de France) aus - Richtung Westen

B 11. Gärten des Rokoko

In der Spätphase des Absolutismus entwickelte der Adel eine zunehmende Liebe für ländliche Idyllen (idealisierte Orte glücklichen Lebens), die als Gegenpole zu hektischen Residenzstädten gesucht wurden. Darum ließen zuerst französische, später auch deutsche Herrscher kleinere Lustschlösser nebst Gartenanlagen abseits der großen Städte errichten. Hier wollte der Adel intime Feste, s. g. ‚fêtes galantes' feiern und dabei ungestört sein. Durch die Philosophie der Zeit wurden das sinnliche Erleben und die Entfaltung der individuellen Triebe in den Vordergrund gerückt. Ihren Höhepunkt fand diese Epoche in der Mitte des 18. Jh. Als künstlerisches Ausdrucksmittel diente das Rokoko. Der Begriff leitet sich aus dem Französischen her und bedeutet ‚Muschelwerk'. Der Stil wird bestimmt von verspieltem, leichtem Dekor, das vor allem in den Skulpturen der Gärten zu finden ist. Die erste Anlage, die dem oben genannten Zweck diente, bildete das französische Lustschloss Marly-le-Roi, das Ludwig XIV bereits ab 1667 bauen ließ. Der Garten beherbergte zwölf Gästehäuser und einen Königssitz. Die Gästehäuser symbolisierten die Monate des Jahres und der Königssitz die Sonne. Damit entsprach die Anlage ideengeschichtlich noch dem Barock. Doch dieses s. g. Maison de plaisance diente in der Folge als Vorbild für zahlreiche weitere Lustschlösser in Europa. Überall symbolisierten diese Anlagen antike griechische Hirtenidyllen des einfachen Lebens. Sie nahmen Bezug auf das griechische Arkadien, eine Gebirgslandschaft auf dem Peloponnes, die seit der Antike als sorgenfreies Land gilt. Bereits im Mittelalter setzte man diesen mythischen Ort mit dem jüdisch-christlichen Paradies gleich. Die Benutzung dieses alten Symbols verdeutlicht erneut das hartnäckige Fortleben der Suche nach dem Paradies bis in die Neuzeit. Den Regenten dienten die Lustschlösser als private Paradiese, wie ihre Namen verraten: Sanssouci (ohne Sorgen), Monrepos (meine Ruhe) oder Monplaisir (mein Vergnügen), um nur einige der Bezeichnungen zu erklären.

Als bedeutendster deutscher Rokoko-Garten kann der fürstbischöfliche Garten von Veitshöchheim in der Nähe von Würzburg angesehen werden. Er weist zahlreiche kleine Kabinette (durch Hecken abgeteilte „Gartenzimmer") auf, die der Hofgesellschaft als Rückzugsort bei ihren intimen Spielen dienten. Das Skulpturenprogramm ist verspielt und erinnert an eine versteinerte Fest- und Tanzgesellschaft jener Zeit.

A: Nenne religiöse Elemente in den Rokoko-Gärten.

B: Erkläre die Gründe, die zur Entwicklung von Rokoko-Gärten führten.

C: Erläutere den Zusammenhang zwischen den Rokoko-Gärten und ihren arkadischen Wurzeln.

Antikisierende Szene mit Skulptur im rekonstruierten Rokokogarten, Herrenhäuser Gärten, Hannover

B 12. Chinesische Landschaftsgärten

Im fernen China kam es völlig unabhängig von Europa ebenfalls zu einer gärtnerischen Darstellung der Welt. Auch hier kann die Suche nach dem Paradies als Motivation erkannt werden. Bei den Chinesen wird das Paradies je nach religiöser Tradition entweder auf hohen Bergen im Westen oder auf felsigen Inseln im Osten gesucht. Es gilt als Ort des ewigen Lebens. Die chinesischen Gärten erschließen sich jedoch im Gegensatz zu europäischen Anlagen bewusst mit allen Sinnen. Vor allem Sehen, Hören und Riechen führen zu einer emotionalen (gefühlten) und intellektuellen (verstandesmäßigen) Erkenntnis der religiösen Gartenideen. Schon immer stand in China die harmonische Anordnung aller Teile des Gartens im Vordergrund der Gestaltung: Symbole für Erde und Himmel im Allgemeinen und die gestalteten Bereiche aus Gesteinen, Gewässern, Pflanzen, Wegen und Gebäuden im Speziellen sollen in einem ausgewogenen Verhältnis zueinander stehen. Schließlich gilt es in China, die Gartenbesucher auch zu innerer Harmonie zu führen. Weil auch im chinesischen Denken der Garten ein Abbild der Welt ist, versuchten ihre Architekten von Anfang an die Welt möglichst genau im Garten zu imitieren. Idealerweise hatte im Norden der Anlage ein Berg und im Süden ein Flusslauf zu liegen. Die chinesischen Könige stellten damit die im Norden ihres Reiches liegenden Gebirge und die im Süden vermehrt fließenden Flüsse, wie den Huang He oder den Jangtsekiang dar. Darüber hinaus versinnbildlichen Fluss und Berg das geschlechtspolare Paar yin (weiblich) und yang (männlich). Wenn Berge nicht als Erdhügel gestaltet werden können, so symbolisiert man sie durch Felsen. In chinesischen Glaubensvorstellungen dienen Berge als Göttersitze und im Garten können ihre Modelle als Angebote an die Götter verstanden werden, in ihnen zu leben. Dadurch erhalten die Gärten ihren göttlichen Schutz und die Besitzer der Gärten erhoffen sich Informationen über die Unsterblichkeit zu erlangen. Das geschlechtspolare Prinzip von yin und yang durchdringt alle Lebens- und Weltbereiche. Ist der Berg an sich männlich, so steht die Berghöhle für das weibliche Geschlecht. So ergänzen sich in der Natur und im gestalteten Garten das Männliche und das Weibliche zu einem harmonischen Ganzen. Zur Gestaltung von Bergen und Gewässerufern wurden wenn möglich immer bizarre Kalkfelsen vom Taihu-See gewählt. Die natürlichen Löcher in diesen Felsen verdeutlichen, dass das weiche weibliche Wasser den harten Fels formen kann. Ufer werden in der Regel steil und schroff gestaltet, um den Gegensatz von yin (Wasser) und yang (Felsen) noch deutlicher hervortreten zu lassen. Des Weiteren dienen die Gewässer in den Gärten auch als Spiegel des Himmels. So verbinden sich hier die beiden großen polaren Hälften der Welt: Der männliche Himmel und die weibliche Erde verbinden sich im Spiegelbild der Gewässer. Um das Gehör des Besuchers mit einzubeziehen, werden die Bäche an vielen Stellen über Felsen geleitet. Die sanften Geräusche sind ebenfalls Teil der Welt und gehören zur ganzheitlichen Wahrnehmung. Weil man den Duft der meisten Pflanzen am frühen Morgen am stärksten empfindet, gilt diese Tageszeit als wichtige Besuchszeit, um Gärten über mehrere Sinne gleichzeitig wahrzunehmen.

A: Erkläre das Prinzip von yin und yang mit Hilfe von Beispielen!

B: Erläutere die Wahrnehmung chinesischer Gärten mit allen Sinnen!

C: Entwirf zeichnerisch einen chinesischen Garten, der die beschriebenen religiösen Elemente aufweist.

Chinesisches Gartenszenerie mit Wasser und Felsenbergen als Ausdruck von yin und yang

B 13. Dao im chinesischen Garten

Der Daoismus ist das uralte religiöse Weltbild der Chinesen. Im traditionellen Denken ist nichts statisch oder gar vollendet. Alles verändert sich immer wieder und unterliegt dem ewigen Wandel von Kommen und Gehen, wie es Gestirne, Gezeiten oder Jahreszeiten zu erkennen geben. Aus diesem Grund sehen die Anhänger des Daoismus die Welt dynamisch, als sich in Bewegung befindend. Weil der ewige Wandel scheinbar polar verläuft (Tag – Nacht, Sommer – Winter, Ebbe – Flut usw.), erkennen die Daoisten die Welt als komplementär: d.h., dass sich die Pole ergänzen und nicht grundsätzlich gegenüber stehen. Wörtlich übersetzt heißt Dao „Pfad" oder „Weg", womit der Weg des Lebens gemeint ist, der von allen Lebewesen begangen wird. Er bringt Schönes und Schlechtes, mal geht es bergauf und mal bergab. Dem ewigen Wandel, dem man auf seinem Lebensweg begegnet, ordnet sich der weise Mensch unter und passt sich allen Gegebenheiten und natürlich auch Veränderungen an!

Um das Ideal des Daos auf die chinesische Gartenkunst zu übertragen, bedarf es zahlreicher sich windender Wege, die den Wandel symbolisieren. Man führt deshalb die Gartenwege, aber auch die künstlichen Flüsse so, dass ihr Ende immer uneinsehbar bleibt. Dadurch entsteht die Illusion der Unendlichkeit, was der daoistischen Vorstellung einer bewegten Welt ohne Vollendung entspricht. Weil der Weg des Lebens immer wieder überraschende Wendungen bereithält, bietet der Gartenweg ebenfalls an jeder Kurve überraschende Blicke auf neue Szenen, Pflanzen usw.

Im Laufe der Zeit wurden von den Chinesen immer mehr Pflanzen in das daoistische Symbolgeflecht aufgenommen. So steht der Weidenbaum als Frühlingsbote für den jahreszeitlichen Wandel zwischen Winter und Sommer und symbolisiert darüber hinaus das junge Mädchen zwischen Kindheit und Frau. Die Pflaume symbolisiert die erwachsene Frau, die grundsätzlich als Lebensspenderin die ewige Erneuerung des Lebens verkörpert. Während der Pfirsich die allgemeine Fruchtbarkeit und damit wiederum die Erneuerung und den Wandel des Lebens symbolisiert, verkörpert die Kiefer das lange Leben mit seinen zahlreichen Wechseln von Werden und Vergehen.

Kaum ein Gartenkonzept ist so vielschichtig wie das des chinesischen Denkens, das im 18. und 19. Jh. auch Europa stark beeinflusste.

A: Nenne daoistische Gartensymbole und erkläre ihre Bedeutung!

B: Erläutere die Grundzüge der daoistischen Idee.

C: Vergleiche den daoistischen Garten mit den europäischen Gärten und arbeite Gemeinsamkeiten und Unterschiede heraus.

Der Weg des Lebens

B 14. Shintoismus und Natur in Japan

Die japanische Gartenkunst hat ihre Wurzeln in der shintoistisch geprägten Vorgeschichte des Landes. Aufgrund der geschichtlichen Entwicklung von aneignenden Sammlerkulturen hin zu produzierenden Bauernkulturen lässt sich im japanischen Naturverständnis bis heute ein Spannungsverhältnis zwischen freier Natur und gestalteter Natur erkennen. Die freie, also nicht von Menschenhand veränderte Natur heißt „niwa“ und die gestaltete Natur wird „sono“ genannt. Der Shintoismus ist ähnlich dem Dao eine archaische, also ursprüngliche und lebensfreundliche Religionsform, die die Einheit von Mensch und Natur betont. In dieser japanischen Urreligion gibt es grundsätzlich zwei Gruppen von Götterwesen: ‚Die von oben kamen‘ wohnen auf Felsen und ‚die über das Meer kamen‘ leben in Teichen. Beiden Göttergruppen wurden Orte in der Natur geweiht und durch ein verknotetes Seil, ein s.g. „shime“, gekennzeichnet. Durch dieses Seil wird der natürliche Ort zu einem gestalteten Platz, in diesem Fall sogar zu einem Schrein. Interessant ist dabei die etymologische Analyse des Wortes „shime“: Seine ursprüngliche Bedeutung ist die der Inbesitznahme. Das japanische Wort „shima“ bedeutet Land und wurde von „shime“ abgeleitet. So wurde aus dem Urwort „shime“ im Laufe der Zeit „shima“ mit der Bedeutung von ‚in Besitz genommenes Land‘ und später dann auch von ‚Garten‘! Den von oben gekommenen Göttern wurden Felsensitze mit der Bezeichnung „iwakura“ und den über das Wasser gekommenen Göttern Teiche mit der Bezeichnung „kami-ike“ zugeordnet. Der Begriff „kami“ bedeutet dabei etwas Außergewöhnliches, etwas Heiliges.

Frühestens im 6. Jh. n.Chr. übernahmen die Japaner vereinzelt chinesische Ideen zur Anlage von Gärten. Dabei ging es ihnen von Anfang an um die Weiterentwicklung ihrer heiligen Schreine. Alle japanischen Gärten bergen im Kern diesen Grundgedanken. Darüber hinaus wollten die Japaner von Anfang an die Natur interpretieren und nicht bloß nachahmen. Dadurch kam es schon früh zu einer Abstraktionskunst, die in der Regel mit ganz wenigen Elementen auskommt: So kann ein kleiner Fels ein ganzes Gebirge symbolisieren und eine Sandfläche das Meer! In allen gärtnerischen Anlagen wird Rücksicht auf ein harmonisches Gleichgewicht zwischen wilder und kontrollierter Natur, also zwischen „niwa“ und „sono“ genommen. Als naturnahe und lebensfreundliche Religion kennt auch der Shintoismus den Wandel des Lebens und stellt ihn ins Zentrum der Anschauungen: Jeder Gartenarchitekt bezieht die Jahreszeiten in seine Gartenanlage durch Symbolpflanzen mit ein. So symbolisiert z.B. die Kirsche den Frühling, die Weide den Sommer, der Ahorn den Herbst und die Kiefer den Winter.

A: Erkläre die Begriffe „niwa“ und „sono“.

B: Erläutere die symbolische Verknüpfung von Göttern und heiligen Plätzen.

C: Vergleiche die Vorstellungen vom Knoten mit den britischen Ideen der Tudorzeit.

Shintoistischer Teich: „kami-ike“

Literaturempfehlungen

Ebach, Jürgen u.a., Schau an der schönen Gärten Zier..., Gütersloh 2007

Eliade, Mircea, Die Religionen und das Heilige, Frankfurt 1986

Korn, Wolfgang, Megalithkulturen, Stuttgart 2005

Leopold, Joest, Die Felsbilder der südlichen Ile de France, o.O. 2019

Lorblanchet, Michel, Höhlenmalerei, Sigmaringen 1997

McIntosh, Christopher, Gardens of the Gods, London 2005

Neue Jerusalemer Bibel, Freiburg 1985

Paret, Rudi, Der Koran, Stuttgart 2004

Sarkowicz, Hans, Die Geschichte der Gärten und Parks, Frankfurt 1998

Wernhart, Karl, Ethnische Religionen, Kevelaer 2004

Widauer, Simone, Marienpflanzen, München 2009